# ALPHABET FRANÇAIS

*Destiné Spécialement*

## AUX ÉCOLES

## COMPRISES DANS LE DIOCÈSE

## de Cambrai.

PRIX : 10 centimes.

PARIS,

A LA LIBRAIRIE CLASSIQUE DE PÉRISSE FRÈRES,
rue du Pot-de-Fer-Saint-Sulpice, 8;

DUNKERQUE,

CHEZ VANDEREST, ÉDITEUR; place d'Orléans, 2.

1842.

# ALPHABET FRANÇAIS

*Destiné Spécialement*

## AUX ÉCOLES

## COMPRISES DANS LE DIOCÈSE

## de Cambrai.

PRIX : 10 centimes.

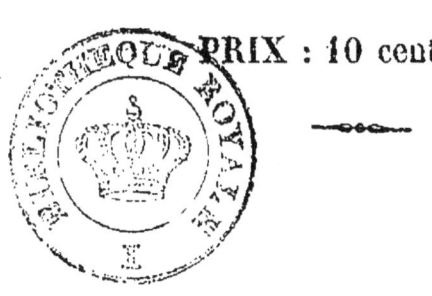

A PARIS

A LA LIBRAIRIE CLASSIQUE ÉLÉMENTAIRE DE
BELIN MANDAR, rue Christine, 5;

A DUNKERQUE

CHEZ VANDEREST, ÉDITEUR; place d'Orléans, 2.

1842

Tout exemplaire de cet ouvrage non revêtu de ma griffe sera réputé contrefait.

# ALPHABET FRANÇAIS.

## PRINCIPES DE LECTURE.

### Lettres capitales.

A B C D E F G H
I J K L M N O P
Q R S T U V X Y
Z Æ Œ W (*).

### Lettres romaines.

a b c d e f g h i j k
l m n o p q r s t u v
x y z æ œ w.

(*) cette lettre n'appartient point à l'alphabet français, cependant on s'en sert pour les noms étrangers qui nous viennent du Nord.

## Lettres italiques.

*abcdefghijk lmnopqrstuv xyzæœw.*

### Sons simples ou voyelles simples.

a e i o u.

### Articulations ou consonnes simples.

b c d f g h j k l m n p q r s t v x z.

### voyelles accentuées.

Accent aigu (´)
Accent grave (`)
Accent circonflexe (^)
Tréma (¨)

é
à è ì ò ù
â ê î ô û
ë ï ü.

**Cédille.**

Ç comme S, devant a, o, u.

---

**ÉPELLATION.**

**PREMIER EXERCICE.**

Sons simples précédés d'une articulation simple.

ba be bé bè bê bi bo bu
bâ bû pe pé pè pê pi po
pu pâ pa py ce cé cè cê
ci cy co ca cu câ ka ki

ky ko qui que jo ju ja
je jé di do dy du de da
dé dê dè dô ta ti to ty
tu te tâ té tô tê fu fâ fe
fa fé fè fê fi fo va vo vi
vu ve vé vê le la lé lè lo
li ly lu lâ re ri ro ry ru
râ ra ré rê rô me mé mè
mê mi mo my mu mâ
ma nè ni no nu né na
né su sa se sé sè si so
sy zè zo zé zu ze zi za
zy xa xé cha che châ ché
chè chi chê cho chu chy
phi phe pha pho phé phè
phy gna gné gno veu dou
rue tie tan tin ron.

ça ço çu.

## DEUXIÈME EXERCICE.
### Voyelles et consonnes simples.
### Voyelles et consonnes composées.

ab il or ut ed af el op
us al ep ir ba je vo du
mi ra le no pu si fa ze
to vu xi ma bé ni paki
né do su na mé ri fo ju
ta et lo vu xa ze sa nu
bla ble bli blo blu bra
bre bri bro bru cla cle
cli clo clu cra cre cri cro
cru dra dre dri dro dru
fla fle fli flo flu phla phle
phli phlo phlu fra fre
fri fro fru phra phre phri
phro phru gla gle gli glo
glu gra gre gri gro gru
pla ple pli plo plu.

## TROISIÈME EXERCICE.
### Articulations variables.

C *comme* S, *devant* e, i, y :
ce-ci, ci-té, cy-gne.
G *comme* J, *devant* e, i, y :
ju-ge, rou-gi, É-gy-pte.
GE *comme* J, *devant* a, o, u, au, oi :
il ran-gea, pi-geon,
ga-geu-re, rou-geaud,
man-geoi-re.
T *comme* S, *devant* ion, ieux,
ient, ial :
na-tion, mi-nu-tieux,
pa-tient, mar-tial.
S *comme* Z, *entre deux voyelles* :
ru-sé, dé-sir, re-po-soir.
X *comme* GS,   X *comme* Z,
ex-em-ple.   di-xiè-me.

## QUATRIÈME EXERCICE.
**Mots d'une syllabe ou monosyllabes.**

le la les de du des tu vous
nous mon ma mes vos
nos sel vin mer soc sol
sud or don cor mur ver
vol vil roc vif bol coq bac
bec lac sac lynx.

## CINQUIÈME EXERCICE.
**Mots de deux syllabes.**

pa-pa *papa* ma-man
*maman* ma-ri *mari* a-mi
*ami* mi-di *midi* lu-ne *lune*
dan-se *danse* mo-ka *moka*
ko-ran *koran* sa-von *savon*
la-pin *lapin* ca-ge *cage*
da-me *dame* lo-ge *loge*

ly-re *lyre* bon-té *bonté* ca-fé *café* pé-ché *péché* pro-cès *procès* lâc-he *lâche* tê-te *tête* fê-te *fête* pô-le *pôle* na-ïf *naïf* fa-çon *façon* gla-çon *glaçon* re-çu *reçu*.

## SIXIÈME EXERCICE.

### Mots de trois syllabes.

ca-bi-ne *cabine* bo-bi-ne *bobine* gi-ber-ne *giberne* be-sa-ce *besace* hy-dro-mel *hydromel* gy-mna-se *gymnase* dry-a-de *dryade* vé-ri-té *vérité* é-lè-ve *élève* fe-nê-tre *fenêtre* é-pî-tre *épître* a-pô-tre *apôtre* fa-ça-de *façade* a-per-çu *aperçu*.

## SEPTIÈME EXERCICE.

**Mots de quatre syllabes.**

pa-la-ti-ne *palatine*
gas-tro-no-me *gastronome*
ca-pi-tai-ne *capitaine*
py-ra-mi-de *pyramide*
mé-na-gè-re *ménagère*
hy-po-thê-que *hypothêque*

## HUITIÈME EXERCICE.

**Mots de cinq syllabes.**

em-ma-ga-si-ner *emmagasiner* is-ra-ë-li-te *israëlite* cul-pa-bi-li-té *culpabilité* dé-li-bé-ra-tif *délibératif.*

## NEUVIÈME EXERCICE.

**Mots de six syllabes.**

per-pen-di-cu-lai-re *perpendiculaire*

dé-rai-so-nna-ble-ment
*déraisonnablement*
dé-sa-gré-a-ble-ment
*désagréablement*
dé-so-bé-i-ssan-ce
*désobéissance*
dis-tri-bu-ti-ve-ment
*distributivement.*

## DIXIÈME EXERCICE.
**Sons composés ou diphtongues.**

æ œ ai eu ay.

ia ié io oi ieu ian ien ion
oui ouin ui uin.

æs-thé-ti-que œil di*a*-ble
a-mi-t*ié* p*io*-che r*oi* l*oi*
f*oi* t*oi* m*oi* D*ieu* é-p*ieu*
v*ian*-de b*ien* ch*ien* s*ien*

t*ien* m*ien* r*ien* na-t*ion*
ac-*tion* co-mmu-n*ion*
con-fe-ss*ion* foin soin loin
*oui* ba-ra-gou*in* ju*in*.

## ONZIÈME EXERCICE.

**Articulations doubles équivalant à une articulation simple.**

a-*bb*é a-*pp*el a-*cc*a-blé
a-*tt*en-tif o-*ff*rir vi-*ll*a-ge
ba-*rr*e ho-*mm*e bo-*nn*e
a-*ss*u-ré a-*cq*ué-rir scè-ne
sci-er *Sc*y-the.

## DOUXIÈME EXERCICE.

**Sons simples suivis d'une articulation double.**

ex-*act* mars co-*rrect* cer*f*
Tur*c* bus*c* fis*c* ar*c* nord-est

## TREIZIÈME EXERCICE.

**Sons simples précédés d'une articulation triple.**

*scru*-tin  *scri*-be
in-*scri*-ption  *stra*-ta-gê-me
*stro*-phe  *stru*-ctu-re
*splen*-deur.

## QUATORZIÈME EXERCICE.

**Mots dans lesquels les articulations Finales ne se prononcent pas.**

plom*b* dra*p* lou*p* es-to-mac
blan*c* ta-ba*c* jon*c* cler*c*
cin*q* (\*) pa*s* poin*g* lon*g*
ran*g* san*g* sein*g* chau*d*
sour*d* lar*d* ar*t* a-ccor*d*
ver*t* gon*d* lour*d* mui*d*

(\*) Devant les voyelles ou *h* muette *q* se prononce distinctement comme dans : cin*q* aunes, cin*q* enfants, cin*q* îlots, cin*q* oboles, cin*q* ures, cin*q* yoles, cin*q* hommes.

cho-co-la*t* gra-ba*t* bou*t* for*t* tor*t* sain*t* pon*t* pein*t* nui*t* dé-fau*t* ner*fs* ou-ti*l* fu-si*l* ba-ri*l* gri*l* gen-ti*l* fi*ls* ju*s* mon-sieur (*mo-ssieu*) bra*s* mai*s* gen*s* ta-pi*s* le Man*s* bi-che*s* ri*z* flu*x* pai*x* noi*x* voi*x* heu-reu*x* chou*x* tou*x* cor*ps* ex-em*pt* fran*cs* Go*th* al-ma-na*ch* in-stin*ct* fon*ds* ha-reng*s* pou*ls* aul*x* (plu-rier de *ail*) ils pen-sen*t* Jésus-Chri*st*.

---

## QUINZIÈME EXERCICE.

**Sons équivalents avec une orthographe différente.**

(e)    eu    œu    heu
peu-ple.   sœur.   heu-re.

| | | | | |
|---|---|---|---|---|
| (è) | **ei**<br>rei-ne. | **ey**<br>dey. | **egs**<br>legs. | **et**<br>bud-get. |
| (ê) | **est**<br>il est. | **ai**<br>mai. | **aie**<br>plaie. | |
| (é) | **ai**<br>j'ai-mai. | **et**<br>et. | **er**<br>sou-per. | **ez**<br>nez. |
| (ô) | **au**<br>autre. | **eau**<br>peau. | **ô**<br>apôtre. | |
| (oe) | **œu**<br>vœu. | | | |
| (oi) | **oe**<br>moellon. | | | |
| (an) | **am**<br>cham-bre. | **em**<br>mem-bre. | **en**<br>len-teur. | |
| (in) | **im**<br>im-pur. | **yn**<br>syn-dic. | **ym**<br>sym-pho-nie. | **ein**<br>frein. |
| | **ain**<br>pain. | **aim**<br>faim. | | |
| (on) | **om**<br>nom-bre. | | | |
| (un) | **um**<br>parfum. | **eun**<br>à jeun. | | |

## SEIZIÈME EXERCICE.

### Valeur exceptionnelle de quelques lettres ou diphthongues.

**C pour G.**
se-*c*on-de, ci-*c*o-gne.
**CH pour C.**
*ch*lo-re, ar-*ch*an-ge,
or-*ch*e-stre, *ch*a-os.
**CH pour G.**
dra*ch*-me.
**D pour T.**
il se ren*d* à la ville.
**E pour A.**
f*e*m-me, pru-d*e*nt,
i-nno-c*e*nt.
**IL pour ILL.**
so-le*il*, tra-va*il*, cer-feu*il*.
**ILL pour Y.**
ba*ill*-ez, a-be*ill*-e,
fa-m*ill*e, mou*ill*-ez.

**S pour Z.**
Al-*s*a-ce, bal-*s*a-mi-ne.
tran-*s*i-ger.
**T pour S.**
mar-*t*ial, pa-*t*ien-ce, é-gy-
p*t*ien, quo-*t*ient, sa-*t*ié-
té, fa-cé-*t*ie, i-ner-*t*ie.
**TZ pour SS.**
Me*tz*.
**Y pour II.**
ci-to*y*-en, cra*y*-on, pa*y*-
san, vo*y*-a-geur, tu-
to*y*-er.
**Z pour S.**
Ro-dé*z*.

## DIX-SEPTIÈME EXERCICE.

### Sons qui ne se prononcent pas.

*a* dans Sa*ô*ne, t*a*on.
*e* — Ca*e*n, as-s*e*oir, dé-vou*e*-ment.
*o* — p*a*on, f*a*on.
*u* — q*u*e, q*u*i, q*u*el-con-que, q*u*e-noui-lle.

## DIX-HUITIÈME EXERCICE.
### Apostrophe (').

| On dit | Au lieu de | On dit | Au lieu de |
|---|---|---|---|
| l'a-mi, | le a-mi. | c'est, | ce est. |
| l'u-nion, | la u-nion. | j'ai-me, | je ai-me. |
| qu'il, | que il. | s'o-ccu-per, | se o-ccu-per. |
| qu'e-lle, | que e-lle. | s'a-dre-sser, | se a-dre-sser. |
| lor-squ'on, | lor-sque-on. | s'a-vi-lir, | se a-vi-lir. |

## DIX-NEUVIÈME EXERCICE.
### H muette.

l'ha-bi-tu-de *l'habitude* l'ha-lei-ne *l'haleine* l'her-be *l'herbe* l'ha-me-çon *l'hameçon* l'hi-stoi-re *l'histoire* l'hé-lio-tro-pe *l'héliotrope* l'hi-ver *l'hiver* l'ho-mme *l'homme* l'ho-mma-ge *l'hommage* l'ho-nnê-te-té *l'honnêteté* l'ho-nneur *l'honneur* l'hô-pi-tal *l'hôpital* l'ho-rreur *l'horreur* l'hy-po-cri-sie *l'hypocrisie*.

## VINGTIÈME EXERCICE.
### H aspirée.

u-ne ha-che *une hache* u-ne haie *une haie* la hai-ne *la haine* un ha-meau *un hameau* un ha-nne-ton *un hanneton* la har-die-sse *la hardiesse* des ha-rengs *des harengs* des ha-ri-cots *des haricots* des har-nais *des harnais* un har-pon *un harpon* le ha-sard *le hasard* la hau-teur *la hauteur* les hen-ni-sse-ments *les hennissements* des hé-raults *des héraults* un hé-ri-sson *un hérisson* un hé-ron *un héron* les hé-ros *les héros* une her-se *une herse* des ho-chets *des hochets* la hon-te *la honte* le ho-quet *le hoquet* du hou-blon *du houblon* une houe *une houe* la hou-le-tte *la houlette* des hou-ris *des houris* les hu-gue-nots *les huguenots* la hu-ppe *la huppe* la hu-re *la hure* les hur-le-ments *les hurlements* des hu-ssards *des hussards* une hu-tte *une hutte*.

## VINGT-et-UNIÈME EXERCICE.
### Liaisons des mots.

| | |
|---|---|
| grande affaire, | gran-da-ffaire. |
| grand homme, | gran-*t*-homme. |
| rang élevé, | ran-*k*é-levé. |
| vous êtes aimable, | vou-*z*ê-te-*z*aimable. |
| bon ami, | bo-*n*ami. |
| bons amis, | bon-*z*amis. |
| in-octavo, | i-n'octavo. |

### Ponctuations.

| | | | |
|---|---|---|---|
| Point | (.) | Apostrophe | (') |
| Virgule | (,) | Trait d'union | (-) |
| Point et virgule | (;) | Guillemet | (») |
| Deux points | (:) | Astérique | (*) |
| Point d'interrogation | (?) | Parenthèses | ( ) |
| Point d'admiration | (!) | Crochets | [ ] |

LECTURE COURANTE.

# PRIÈRES.

✝Au nom du Père, et du Fils, et du Saint-Esprit. Ainsi soit-il.

### L'oraison dominicale.

Notre Père, qui êtes dans les cieux, que votre nom soit sanctifié, que votre règne arrive, que votre volonté soit faite en la terre comme au ciel, donnez-nous aujourd'hui notre pain de chaque jour, et pardonnez-nous nos offenses comme nous pardonnons à ceux qui nous ont offensés; et ne nous laissez point succomber à la tentation; mais délivrez-nous du mal. Ainsi soit-il.

*Pater noster, qui es in cœlis, sanctificetur nomen tuum : adveniat regnum tuum : fiat voluntas tua, sicut in cœlo et in terrâ : panem nostrum quotidianum da nobis hodiè, et dimitte nobis debita nostra sicut et nos dimittimus debitoribus nostris : et ne nos inducas in tentationem : sed libera nos à malo. Amen.*

### La salutation angélique.

Je vous salue, Marie, pleine de grâce : le Seigneur est avec vous : vous êtes bénie entre toutes les femmes, et Jésus, le fruit de votre sein, est béni.

Sainte Marie, mère de Dieu, priez pour nous pécheurs, maintenant et à l'heure de notre mort. Ainsi soit-il.

*Ave, Maria, gratiâ plena : Dominus tecum : benedicta tu in mulieribus : et benedictus fructus ventris tui, Jesus.*

*Sancta Maria, mater Dei, ora pro nobis peccatoribus, nunc et in horâ mortis nostræ. Amen.*

## Le symbole des apôtres.

Je crois en Dieu, le Père tout-puissant, Créateur du ciel et de la terre : et en Jésus-Christ son fils unique notre Seigneur : qui a été conçu du Saint-Esprit, qui est né de la Vierge Marie, qui a souffert sous Ponce-Pilate ; a été crucifié, est mort et a été enseveli : qui est descendu aux enfers, et le troisième jour est ressucité des morts : qui est monté aux cieux : qui est assis à la droite de Dieu le Père tout-puissant et qui de là viendra juger les vivants et les morts. Je crois au Saint-Esprit, la Sainte Église Catholique ; la communion des Saints ; la rémission des péchés ; à la résurrection de la chair, et à la vie éternelle. Ainsi soit-il.

*Credo in Deum, Patrem omnipotentem, Creatorem Cœli et terræ : et in Jesum Christum, Filium ejus unicum, Dominum nostrum : qui conceptus est de Spiritu sancto, natus ex Marià Virgine : passus sub Pontio Pilato, crucifixus, mortuus et sepultus : descendit ad inferos : tertià die resurrexit à mortuis : ascendit ad cœlos : sedet ad dexteram Dei Patris omnipotentis : indè venturus est judicare vivos et mortuos. Credo in Spiritum sanctum : sanctam Ecclesiam Catholicam : Sanctorum communionem : remissionem peccatorum : carnis resurrectionem : vitam æternam. Amen.*

## La confession des péchés.

Je me confesse à Dieu tout-puissant, à la bienheureuse Marie toujours vierge, à Saint Michel archange, à Saint Jean-Baptiste, aux apôtres Saint Pierre et Saint Paul, à tous les Saints, (et à vous, mon Père), parce que j'ai beaucoup péché, par pensées, par paroles, et par actions : par ma faute, par ma faute, par ma très-grande faute. C'est pourquoi je supplie la bienheureuse Marie toujours vierge, Saint Michel archange, Saint Jean-Baptiste, les apôtres Saint Pierre et Saint Paul, tous les Saints (et vous mon Père), de prier pour moi le Seigneur notre Dieu.

*Confiteor Deo omnipotenti, beatæ Mariæ semper virgini, beato Michaeli archangelo, beato Joanni-Baptistæ, sanctis apostolis Petro et Paulo, omnibus sanctis ; quia peccavi nimis cogitatione, verbo et opere ; meâ culpâ, meâ culpâ, meâ maximâ culpâ. Ideò precor beatam Mariam semper virginem, beatum Michaelem archangelum, beatum Joannem-Baptistam, sanctos apostolos Petrum et Paulum, et omnes sanctos, orare pro me ad Dominum Deum nostrum.*

### Les Commandements de Dieu.

1. Un seul Dieu tu adoreras,
   Et aimeras parfaitement.
2. Dieu en vain tu ne jureras,
   Ni autre chose pareillement.
3. Les Dimanches tu garderas,
   En servant Dieu dévotement.
4. Tes père et mère honoreras,
   Afin de vivre longuement.
5. Homicide point ne seras,
   De fait, ni volontairement.

6. Luxurieux point ne seras,
   De corps, ni de consentement.
7. Les biens d'autrui tu ne prendras,
   Ni retiendras à ton escient.
8. Faux témoignage ne diras,
   Ni ne mentiras aucunement.
9. L'œuvre de chair ne désireras,
   Qu'en mariage seulement.
10. Biens d'autrui ne convoiteras,
    Pour les avoir injustement.

## Les Commandements de l'Église.

1. Les fêtes tu sanctifieras,
   Qui te sont de commandement.
2. Les Dimanches Messe ouïras,
   Et les Fêtes pareillement.
3. Tout tes péchés confesseras,
   A tout le moins, une fois l'an.
4. Ton Créateur tu recevras,
   Au moins, à Pâques humblement.
5. Quatre-Temps, Vigiles, jeûneras.
   Et le Carême entièrement.
6. Vendredi chair ne mangeras,
   Ni le Samedi mêmement.

## ACTES DES VERTUS THÉOLOGALES.

### Acte de Foi.

Mon Dieu, je crois fermement tout ce que croit et enseigne l'Eglise Catholique, parce que vous, qui êtes la vérité même, le lui avez révélé.

### Acte d'Espérance.

Mon Dieu, appuyé sur vos promesses et sur les mérites de Jesus-Christ, j'attends avec confiance les biens que vous m'avez promis, votre grâce en ce monde et la vie éternelle dans l'autre.

### Acte de Charité,

Mon Dieu, je vous aime de tout mon cœur, de toute mon âme, de toutes mes forces, par dessus toutes choses, parce que vous êtes infiniment aimable, et j'aime mon prochain comme moi-même pour l'amour de vous.

### Acte de Contrition.

Mon Dieu, je suis très-fâché de vous avoir offensé, parce que vous êtes infiniment bon, souverainement aimable et que le péché vous déplaît : je vous en demande très-humblement pardon par les mérites de Jésus-Christ; et je me propose, moyennant votre sainte grâce, de ne plus vous offenser et de faire pénitence.

## Préceptes de la Bible.

Que chacun respecte avec crainte son père et sa mère. — Vous ne déroberez point, vous ne mentirez point et nul ne dérobera son prochain. — Vous ne jurerez point faussement en mon nom, et vous ne souillerez point le nom de votre Dieu. — Vous ne calomnierez point votre prochain, et vous ne l'opprimerez point par violence. — Vous ne ferez rien contre l'équité, et vous ne jugerez point injustement. — Ne cherchez point à vous venger et ne conservez point le souvenir de l'injure de vos citoyens. — Vous aimerez votre ami comme vous-même. — Levez-vous devant ceux qui ont les cheveux blancs et honorez la personne du vieillard. — Ne faites rien contre l'équité, ni dans les jugements, ni dans ce qui sert de règle, ni dans les poids, ni dans les mesures. (*Le Lévitique.*)

Honorez votre père et votre mère selon que le Seigneur votre Dieu vous l'a ordonné, afin que vous viviez longuement et que vous soyez heureux. — Vous ne déroberez point. — Vous ne porterez point de faux témoignages contre votre prochain.

(*Le Deutéronome.*)

Faites l'aumône de votre bien, et ne détournez point vos yeux d'aucun pauvre : cela sera cause que le Seigneur ne détournera pas non plus ses regards de dessus vous. — L'aumône sera un grand sujet de confiance devant Dieu pour tous ceux qui l'auront faite. — Lorsque quelqu'un aura travaillé pour vous, payez lui aussitôt ce qui lui est dû pour son travail et ne retenez jamais le salaire de l'ouvrier. — Prenez garde de ne jamais faire aux autres ce que vous seriez fâché qu'on vous fît. — Mangez votre pain avec ceux qui ont faim et avec ceux qui sont dans l'indigence, et couvrez de vos vêtements ceux qui sont nus. — Demandez toujours conseil à un homme sage. — L'aumône délivre de la mort, et c'est elle qui efface les péchés, et qui fait trouver la miséricorde et la vie éternelle. — Recommandez à vos enfants de faire des actions de justice et des

aumônes, de penser à Dieu, et de le bénir en tout temps dans la vérité, et de toutes vos forces.
(*Les livres de Tobie.*)

La crainte du Seigneur est le commencement de la sagesse, et les insensés méprisent la sagesse et les instructions. — Le Seigneur réserve le salut comme un trésor pour ceux qui ont le cœur droit, et il protégera ceux qui marchent dans la simplicité. — Ne dites point à votre ami : allez et revenez demain, je vous donnerai ce que vous me demandez, lorsque vous pouvez lui donner sur le champ. — Il y a six choses que le Seigneur hait, et son âme déteste la septième : Le péché d'orgueil, la langue menteuse, les mains qui répandent le sang innocent, le cœur qui forme de mauvais desseins, les pieds légers pour courir au mal, le faux témoignage qui assure des mensonges, et celui qui sème la discorde entre les frères. — La crainte du Seigneur hait le mal il déteste la fierté, l'orgueil, la voie corrompue, et la langue double, — Où sera l'orgueil, là sera la confusion; et où est l'humilité, là est la sagesse. — Où l'on travaille beaucoup, là est l'abondance: mais où l'on parle beaucoup, l'indigence se trouve souvent. — Celui qui méprise le pauvre, fait injure à celui qui l'a créé : et celui qui se réjouit de la ruine d'autrui, ne sera pas impuni. — Le malheur ne sortira point de la maison de celui qui rend le mal pour le bien. — Un véritable ami aime en tout temps, et le frère se connaît dans l'adversité. — Celui qui ferme l'oreille aux cris du pauvre, criera lui-même, et on ne l'écoutera point. — Ne faites point de violence au pauvre, parce qu'il est pauvre, et n'opprimez point en justice celui qui n'a rien : car le Sei-

gneur défendra lui-même sa cause, et il percera ceux qui ont percé son âme. — Si votre ennemi a faim, donnez-lui à manger ; s'il a soif, donnez-lui à boire : par ce moyen-là vous amasserez sur sa tête des charbons ardens, et le Seigneur vous en récompensera.
(*Les proverbes de Salomon.*)

Dieu fera rendre compte en son jugement de toutes les fautes, et de tout le bien et le mal qu'on aura fait. (*L'Ecclésiaste.*)

Ne souillez point votre langue par la médisance, parce que la parole la plus secrète ne sera point impunie, et que la bouche qui ment tuera l'âme.
(*Le Livre de la Sagesse.*)

Celui qui craint le Seigneur honorera son père et sa mère et il servira comme ses maîtres ceux qui lui ont donné la vie. — Soulagez votre père dans sa vieillesse, et ne l'affligez point durant sa vie. — Combien est infâme celui qui abandonne son père, et combien est maudit de Dieu celui qui aigrit l'esprit de sa mère ! — Ne méprisez point celui qui a faim, et n'aigrissez pas le cœur du pauvre dans son indigence. — N'attristez point le cœur du pauvre et ne différez point de donner à celui qui souffre. — Que votre main ne soit point ouverte pour recevoir et fermée pour donner. — L'ami fidèle est une forte protection ; celui qui l'a trouvé, a trouvé un trésor. — Rien n'est comparable à l'ami fidèle, et l'or et l'argent ne méritent pas d'être mis en balance avec la sincérité de sa foi. — Faites du bien à votre ami avant la mort, et donnez l'aumône au pauvre selon que vous le pouvez. — Le mensonge est dans un homme une tâche honteuse, ce vice se trouve sans cesse dans la bouche des gens déréglés. — Un voleur vaut mieux qu'un homme qui ment sans cesse, la perdition sera le partage de l'un et de l'autre. — Heureux celui qui trouve un ami véritable, et qui parle de justice à une oreille qui l'écoute. — Celui qui sème des rapports souillera son âme et quelque part qu'il demeure, il sera haï : celui qui demeure avec lui sera odieux ; au lieu que l'homme sensé et ami du silence sera honoré. — Prêtez à votre prochain au temps de sa nécessité ; et s'il vous a prêté, rendez-lui au temps que vous lui avez promis. — Tenez votre parole, et agissez de bonne foi avec votre prochain ; et vous trouverez toujours ce qui vous sera nécessaire. — Assistez votre prochain selon votre pouvoir ; mais prenez bien garde à vous, de peur que vous ne tombiez dans le malheur. — La tempérance dans le boire est la santé de l'âme et du corps. — Conservez dans votre cœur le souvenir de votre ami, et ne l'oubliez pas lorsque vous serez devenu riche. — Une mauvaise parole gâte le cœur. — L'intempérance en a tué plusieurs, mais celui qui est sobre en vit plus longtemps. (*L'Ecclésiastique.*)

*Je ne vous laisserai point orphelins, je viendrai à vous. — Il n'y a point de plus grand amour que de donner sa vie pour ses amis. — Le commandement que je vous fais, est que vous vous aimiez les uns les autres. — Si le monde vous hait, sachez qu'il m'a haï le premier.*

(Sermon de N.-S. à ses apôtres après la Cène. *St-Jean.*)

*Ne jugez point, afin que vous ne soyez pas jugés ; ne condamnez personne, et vous ne serez point condamnés. Car vous serez jugés du même jugement dont vous aurez jugé : et vous serez mesurés de la même mesure que vous aurez mesuré le autres. — Pourquoi voyez-vous une paille dans l'œil de votre frère, ne voyant pas une poutre dans le vôtre? ou comment direz-vous à votre frère : permettez que je vous ôte une paille de l'œil, ayant vous même une poutre dans le vôtre. Hypocrite, ôtez premièrement la poutre de votre œil, après quoi vous penserez à ôter la paille de l'œil de votre frère.* Faites donc aux autres comme vous voudriez qu'on vous fît a vous même ; *car c'est en cela que consistent et la loi et les prophètes. — Si votre frère vous offense sept fois le jour, et que sept fois le jour il revienne vers vous, et vous dise : je me repens; pardonnez-lui. — Je ne vous dis pas seulement jusqu'à sept fois, mais jusqu'à septante fois sept fois. — Si vous pardonnez aux hommes les offenses qu'ils ont commises contre vous, votre Père céleste vous pardonnera aussi vos péchés; mais si vous ne pardonnez pas aux hommes leurs offenses, votre Père ne vous pardonnera pas non plus les vôtres. — Donnez à qui vous demande, et ne vous détournez point de celui qui veut emprunter quelque chose de vous. — Aimez vos ennemis, faites du bien à ceux qui vous haïssent, et priez pour ceux qui vous persécutent et vous calomnient, afin que vous soyez enfant de votre Père qui est dans les Cieux, et qui fait lever son soleil sur les bons et sur les méchants, et qui envoie la pluie aux justes et aux injustes; car si vous aimez ceux qui vous aiment, quelle récompense en aurez-vous? les publicains même ne le font-ils pas? et que faites-vous plus qu'eux, si vous ne saluez que vos frères? les Gentils aussi ne le font-ils pas? soyez donc parfaits comme votre Père céleste est parfait. — Faites l'aumône de ce qui vous reste, et toutes choses vous seront accordées. — Celui qui donnera à boire seulement un verre d'eau froide à un de ces petits au nom de disciple, je vous dis en vérité, qu'il ne perdra point sa récompense.* (Paroles de N.-S. *St-Mathieu.*)

*Vous êtes bien heureux, vous qui souffrez maintenant la faim, parce que vous serez rassasiés. Mais malheur à vous riches, parce que vous avez ici-bas votre consolation. Malheur à vous qui êtes rassasiés parce que vous aurez faim. — Vous ne serez point homicide, vous ne commettrez point d'adultère, vous ne déroberez point, vous ne rendrez point de faux témoignage. Honorez votre père et votre mère, et aimez votre prochain comme vous-même. — Demandez et il vous sera donné, cherchez et vous trouverez, frappez à la porte et l'on vous ouvrira, car quiconque demande reçoit, et qui cherche trouve, et on ouvre la porte à celui qui y frappe.*
(Paroles de N.-S. *St-Luc.*)

## PRIÈRES EN VERS
### POUR CHAQUE JOUR DE LA SEMAINE,
### Par M.me Tastu.

## LUNDI.
### Pour demander à Dieu une bonne semaine.

Mon Dieu, pendant cette semaine,
Dans mes leçons et dans mes jeux

Gardez-moi de faute ou de peine,
Car qui dit l'un dit tous les deux.
Donnez-moi cette humeur docile
Qui rend le devoir plus facile;
Et si ma mére m'avertit,
Au lieu de cet esprit frivole
Que distrait la mouche qui vole,
Seigneur, donnez-moi votre esprit.

## MARDI.

### A l'Ange gardien.

Veillez sur moi quand je m'éveille,
Bon ange, puisque Dieu l'a dit ;
Et chaque nuit quand je sommeille,
Penchez-vous sur mon petit lit ;
Ayez pitié de ma faiblesse,
A mes côtés marchez sans cesse ;
Parlez-moi le long du chemin,
Et, pendant que je vous écoute,
De peur que je ne tombe en route,
Bon ange, donnez-moi la main,

## MERCREDI.

**Pour les petits enfants morts.**

Comme on parle, dans leur absence,
Des amis qui sont loin de nous,
Mon Dieu! l'enfant qui reste, pense
A l'enfant qui retourne à vous.
Au ciel, pour chanter vos louanges,
Vous rappelez ces petits anges

Qu'on met coucher avant le soir;
Eux n'ont plus besoin de prières;
Mais consolez leurs pauvres mères,
Qui sont si long-temps sans les voir!

## JEUDI.

### La récréation.

Mon Dieu, ma tâche est terminée;
Vous vous contentez de si peu,
Que la fin de cette journée
Pour vos enfants n'est plus que jeu.
S'ils font tourner la corde agile,
S'ils poussent le cerceau mobile
Qui roule et court sur les cailloux,
Vous les suivez d'un œil de père,
Et vous dites, comme ma mère:
« Allez, enfants, amusez-vous! »

## VENDREDI.

### A Jésus-Christ

Jésus, que dès votre jeune âge
Le ciel bénit de ses faveurs;
Jésus, si savant et si sage,
Que vous confondiez les docteurs;
Jésus, qui fûtes sur la terre
Toujours soumis à votre mère,
Toujours pieux et plein de foi;
Quand je m'efforce de vous suivre,
Dites, comme en votre Saint-Livre:
« Laissez l'enfant venir à moi. »

# SAMEDI.

## A la vierge.

Sainte mère des pauvres mères,
Vous, que leurs ardentes priéres
Ont fait gardienne de nos jours,
Si les angoisses maternelles,
Hélas! ne vous sont pas nouvelles.
Soyez-leur propice ici-bas;
Et prêtez l'oreille, ô Marie!
A chaque mère qui vous prie
Avec un enfant dans les bras.

---

## Prière du dimanche.

Mon Dieu, pour vous bénir, je m'éveille sans peine
Quand ma mère me dit : dimanche est de retour,
Car, entre tous les jours que la lente semaine,
    Tour à tour nous ramène,
    Ce jour est votre jour.

L'Église nous attend brillante de lumière :
Tout bas à deux genoux, plein d'amour et de foi,
Comme ceux qui sont grands, j'y dirai ma prière,
    A côté de ma mère
    Qui vous priera pour moi.

## Prière pour tous les jours de la semaine.

Notre Père des cieux, Père de tout le monde,
De vos petits enfants, c'est vous qui prenez soin;

Mais à tant de bonté vous voulez qu'on réponde,
Et qu'on demande aussi, dans une foi profonde,
    Les choses dont on a besoin !

Vous m'avez tout donné, la vie et la lumière,
Le blé qui fait le pain, les fleurs que j'aime à voir,
Et mon père, et ma mère, et ma famille entière ;
Moi, je n'ai rien pour vous, mon Dieu, que la prière
    Que je vous dis matin et soir !

Notre Père des cieux, bénissez ma prière ;
Pour mes parents, pour moi, je vous prie à genoux ;
Afin qu'ils soient heureux donnez-moi la sagesse ;
Et puissent leurs enfants les contenter sans cesse,
    Pour être aimés d'eux et de vous !

### Prière de l'orphelin.

Où sont, mon Dieu, ceux qui devaient sur terre
    Guider mes pas ?
Tous les enfants ont un père, une mère !...
    Je n'en ai pas !
Mais votre voix murmure à mon oreille :
    Lève les yeux ;
Pour l'orphelin un père est là, qui veille
    Du haut des cieux.

---

## EXERCICE DE NUMÉRATION.
### Chiffres arabes.

    1    2    3    4    5
(un) (deux) (trois) (quatre) (cinq)
    6    7    8    9    0
(six) (sept) (huit) (neuf) (zéro).

Les chiffres romains sont au nombre de sept, savoir: I, qui vaut un (1); V, qui vaut cinq (5); X, qui vaut dix (10); L, cinquante (50); C, cent (100); D, cinq cents (500) et M, mille (1000).

Tout chiffre romain placé à la gauche d'un autre plus grand que lui diminue celui-ci de la valeur du premier, ainsi IV ne vaut que 4, XL ne vaut 40, XC ne vaut que 90, etc;

### Valeur des chiffres romains.

| | | | | | |
|---|---|---|---|---|---|
| I | 1 | XX | 20 | D | 500 |
| II | 2 | XXX | 30 | DC | 600 |
| III | 3 | XL | 40 | DCLXX | 670 |
| IV | 4 | L | 50 | CM | 900 |
| V | 5 | LX | 60 | M | 1000 |
| VI | 6 | LXIV | 64 | MC | 1100 |
| VII | 7 | LXX | 70 | MCL | 1150 |
| VIII | 8 | XC | 90 | MCD | 1400 |
| IX | 9 | C | 100 | MD | 1500 |
| X | 10 | CC | 200 | MDCCCXL | 1840 |
| XI | 11 | CCC | 300 | MM | 2000 |
| XII | 12 | CD | 400 | MMD | 2500 |

### Valeur des chiffres financiers.

| | | | | | |
|---|---|---|---|---|---|
| i ou j | 1 | x | 10 | lxxx | 80 |
| ij | 2 | xij | 12 | xc | 90 |
| iij | 3 | xb | 15 | c | 100 |
| ib | 4 | xx | 20 | ijc | 200 |
| b | 5 | xxb | 25 | ibc | 400 |
| bj | 6 | xl | 40 | bic | 600 |
| bij | 7 | l | 50 | bijc | 700 |
| biij | 8 | lxb | 65 | g | 1000 |
| ix | 9 | lxx | 70 | gbc | 1500 |

# TABLE DE MULTIPLICATION.

| | | | | | | | | |
|---|---|---|---|---|---|---|---|---|
| 2 fois | 2 font | 4 | 4 fois | 7 font | 28 | 7 fois | 7 font | 49 |
| 2 | 3 | 6 | 4 | 8 | 32 | 7 | 8 | 56 |
| 2 | 4 | 8 | 4 | 9 | 36 | 7 | 9 | 63 |
| 2 | 5 | 10 | 4 | 10 | 40 | 7 | 10 | 70 |
| 2 | 6 | 12 | 4 | 11 | 44 | 7 | 11 | 77 |
| 2 | 7 | 14 | 4 | 12 | 48 | 7 | 12 | 84 |
| 2 | 8 | 16 | 4 | 13 | 52 | 7 | 13 | 91 |
| 2 | 9 | 18 | 4 | 14 | 56 | 7 | 14 | 98 |
| 2 | 10 | 20 | 4 | 15 | 60 | 7 | 15 | 105 |
| 2 | 11 | 22 | 5 fois | 5 font | 25 | 8 fois | 8 font | 64 |
| 2 | 12 | 24 | 5 | 6 | 30 | 8 | 9 | 72 |
| 2 | 13 | 26 | 5 | 7 | 35 | 8 | 10 | 80 |
| 2 | 14 | 28 | 5 | 8 | 40 | 8 | 11 | 88 |
| 2 | 15 | 30 | 5 | 9 | 45 | 8 | 12 | 96 |
| 3 fois | 3 font | 9 | 5 | 10 | 50 | 8 | 13 | 104 |
| 3 | 4 | 12 | 5 | 11 | 55 | 8 | 14 | 112 |
| 3 | 5 | 15 | 5 | 12 | 60 | 8 | 15 | 120 |
| 3 | 6 | 18 | 5 | 13 | 65 | 9 fois | 9 font | 81 |
| 3 | 7 | 21 | 5 | 14 | 70 | 9 | 10 | 90 |
| 3 | 8 | 24 | 5 | 15 | 75 | 9 | 11 | 99 |
| 3 | 9 | 27 | 6 fois | 6 font | 36 | 9 | 12 | 108 |
| 3 | 10 | 30 | 6 | 7 | 42 | 9 | 13 | 117 |
| 3 | 11 | 33 | 6 | 8 | 48 | 9 | 14 | 126 |
| 3 | 12 | 36 | 6 | 9 | 54 | 9 | 15 | 135 |
| 3 | 13 | 39 | 6 | 10 | 60 | 10 fois | 10 font | 100 |
| 3 | 14 | 42 | 6 | 11 | 66 | 10 | 11 | 110 |
| 3 | 15 | 45 | 6 | 12 | 72 | 10 | 12 | 120 |
| 4 fois | 4 font | 16 | 6 | 13 | 78 | 10 | 13 | 130 |
| 4 | 5 | 20 | 6 | 14 | 84 | 10 | 14 | 140 |
| 4 | 6 | 24 | 6 | 15 | 90 | 10 | 15 | 150 |

## TABLE DE MULTIPLICATION.

*Attribuée à Pythagore, philosophe grec.*

| 1 | 2 | 3 | 4 | 5 | 6 | 7 | 8 | 9 |
|---|---|---|---|---|---|---|---|---|
| 2 | 4 | 6 | 8 | 10 | 12 | 14 | 16 | 18 |
| 3 | 6 | 9 | 12 | 15 | 18 | 21 | 24 | 27 |
| 4 | 8 | 12 | 16 | 20 | 24 | 28 | 32 | 36 |
| 5 | 10 | 15 | 20 | 25 | 30 | 35 | 40 | 45 |
| 6 | 12 | 18 | 24 | 30 | 36 | 42 | 48 | 54 |
| 7 | 14 | 21 | 28 | 35 | 42 | 49 | 56 | 63 |
| 8 | 16 | 24 | 32 | 40 | 48 | 56 | 64 | 72 |
| 9 | 18 | 27 | 36 | 45 | 54 | 63 | 72 | 81 |

FIN.

Dunkerque. — Imprimerie de M<sup>me</sup> V<sup>e</sup> LALLOU, place d'Oléans, 2.

EN VENTE CHEZ LES MÊMES LIBRAIRES,

ET

Chez L. HACHETTE, li-|Chez J. DELALAIN ET Cⁱᵉ,
braire de l'Université, | rue des Mathurins-St-
rue Pierre-Sarrazin, 12; | Jacques, 5.

LES SIX PREMIERS LIVRES
des
FABLES COMPLÈTES
DE LA FONTAINE,
**Contenant en outre :**

1º L'indication en tête des divers auteurs dans lesquels le célèbre fabuliste est présumé avoir puisé les sujets de ses fables ;
2º Le développement ou *correctif* de la moralité de chaque fable, par des pensées, sentences et maximes extraites des livres saints, des Pères de l'Eglise, des plus célèbres auteurs catholiques français et étrangers et des philosophes anciens et modernes;
3º Une nouvelle traduction en regard de 36 fables d'Ésope et de 33 fables de Phèdre, imitées par La Fontaine et extraites des éditions adoptées par l'Université ;
4º Un grand nombre de notes littéraires, historiques, mythologiques, etc., etc.

NOUVELLE ÉDITION CLASSIQUE,
**Un vol. in-18. Prix : 1 franc.**

*Par Vauderest,*

PROFESSEUR DE LITTÉRATURE ET D'HISTOIRE.

**SOUS PRESSE,**

POUR PARAÎTRE INCESSAMMENT :
LES SIX DERNIERS LIVRES.

www.ingramcontent.com/pod-product-compliance
Lightning Source LLC
Chambersburg PA
CBHW060508050426
42451CB00009B/884